DAS PFERDEPARADIES IST UNGEMÜTLICH

Pferde unterscheiden sich in ihren Bedürfnissen extrem vom Menschen. In unseren Breiten sterben sie auf Grund ungeeigneter Haltung seit Jahrhunderten an Krankheiten, die in der Natur kaum vorkommen. Dämpfigkeit durch miserable Stallluft, Schäden an Knochen und Gliedmaßen durch Bewegungsmangel, Koliken durch falsches Futter und nicht zuletzt der Weg zum Schlachthof wegen Bösartigkeit sind typische Gründe, Pferde zu verlieren.

Zuallererst brauchen Pferde frische, klare, gern auch kalte Luft. Die Lungen des Steppenrenners und Fluchttieres sind empfindlich und werden von Dünsten aus schmutziger Einstreu, allen voran Ammoniak aus dem Urin, sehr leicht geschädigt. Kein geschlossener Stall kann, selbst bei täglichem gründlichen Misten, ohne offene Fenster, Türen oder Wände eine Luft bieten, die nicht irgendwie „nach Pferd riecht" – allerdings riechen Pferde bei sauberer Haltung überhaupt nicht, sondern immer nur ihre Ausscheidungen! Am wohlsten fühlen sie sich auf einem windigen Hügel mit weitem Ausblick.
Geeignetes und in der Menge angepasstes Futter sowie klares, sauberes Wasser sind Selbstverständlichkeiten, auf die kaum näher hingewiesen werden muss (siehe Kavalkade Ratgeber Nr. 22).

Unter natürlichen Bedingungen wandern Pferde den ganzen Tag, von Ruhepausen abgesehen, langsam herum, schnelle Sprints erfolgen nach Belieben und Temperament. Auf diese Weise bleiben sie beweglich, angelaufene Beine kommen ebenso wenig vor wie Steifheiten nach langem Stehen oder Zerrungen durch Kaltstarts.

In der Box ist der Bewegungsraum eingeschränkt, vor allem aber ist kaum ein Bewegungsanreiz gegeben. Im Gruppen-Offenstall sind die Pferde in steter Bewegung durch Ausweichen, neugieriges Herumwandern oder Spielen; für weitere Anreize kann der Mensch sorgen.

Umwelteinflüssen sind sie im Auslauf ständig ausgesetzt. Sie gewöhnen sich nicht nur an allerlei Treiben, vor dem Stallpferde in Panik ausbrechen, sondern können auch merkbar besser kom-

Rangeleien sind besonders zwischen Junghengsten oder Wallachen häufig. Sie machen ihnen Freude und sind nicht halb so gefährlich wie sie aussehen!

binieren und verstehen als Pferde, die einen großen Teil des Tages auf Wände starren und vor Langeweile nicht selten krank oder verhaltensgestört werden.

Die Herde selbst bietet Sicherheit, Beschäftigung und Ausgleich. Hier finden Pferde Freunde und bekommen auch gelegentlich die Leviten gelesen, was ihnen das Unterordnen unter ihren Menschen ebenfalls erleichtert.

DER STALL

Da es sich beim Offenstall um einen Kaltstall handelt, in dem durch die offenen Ausgänge eine der Außentemperatur nahe Temperatur herrscht, können sehr gut Altgebäude umgenutzt oder einfache Holzställe errichtet werden. Eine Isolation von Wänden ist ebenso wenig erforderlich wie eine aufwendige Belüftungsanlage, und die Angaben über den in geschlossenen Ställen erforderlichen Luftraum pro Pferd können ignoriert werden. Nicht empfehlenswert ist es, alle Ausgänge mit Plastikstreifen zuzuhängen, denn darunter leidet das Stallklima ganz erheblich. Allerdings muß der Offenstall frei von Zugluft sein.

Wichtig bei der Auswahl des Gebäudes sind folgende Kriterien:
· das Gebäude muss für die Anzahl an Pferden groß genug sein
· es muss hoch genug für die einzustellenden Pferde sein, um Verletzungen auszuschließen
· angrenzendes Gelände, das sich für einen Auslauf der nötigen Größe eignet, ist unabdingbar
· es muss die Möglichkeit bestehen, genug Türdurchbrüche zum Auslauf zu schaffen

 Die erforderliche Gebäudegröße bewegt sich je nach Widerristhöhe der einzustellenden Tiere, Gebäudegrundriss und Aufteilung zwischen sechs und zehn Quadratmeter pro Tier. Herden ruhiger, verträglicher Tiere ähnlichen Typs benötigen weniger Platz als gemischte Gruppen, in denen Pferde unterschiedlichen Temperaments aufeinander treffen.

   Bei der Höhe kann zwar auf zusätzlichen Luftraum verzichtet werden, doch sollte ein Verletzungsrisiko ausgeschlossen sein. Erschreckte oder aufgeregte Pferde werfen häufig schwungvoll den Kopf hoch, jüngere Tiere steigen bei Rangeleien gelegentlich. In keinem Fall darf das Tier dabei heftig an die Decke oder einen unverkleideten Deckenbalken stoßen können; das kann im ungünstigsten Fall zum Tod des Pferdes führen. Anders als in geschlossenen Ställen kann sich die Deckenhöhe jedoch durchaus an der Größe der Pferde orientieren, und eine Höhe von 2,50 kann für eine Gruppe Isländer völlig ausreichen.

Zum Offenstall umgenutztes Altgebäude mit einem Vordach über den Raufuttereinrichtungen. Zwecks besseren Luftaustauschs wurde ein Teil des Windschutzvorhangs weggelassen.

Zweckmäßiger, ansprechender Offenstallbau aus Holz.

Einzelne störende Deckenbalken in Fachwerkgebäuden können mit Gummi (zum Beispiel aufgeschnittenen alten Autoreifen, die dann angestrichen werden) oder Schaumstoff mit einer Kunststoffummantelung verkleidet werden, sodass schwere Verletzungen nicht möglich sind.

Cadmos Fotoratgeber

Offenstallhaltung

Inhalt

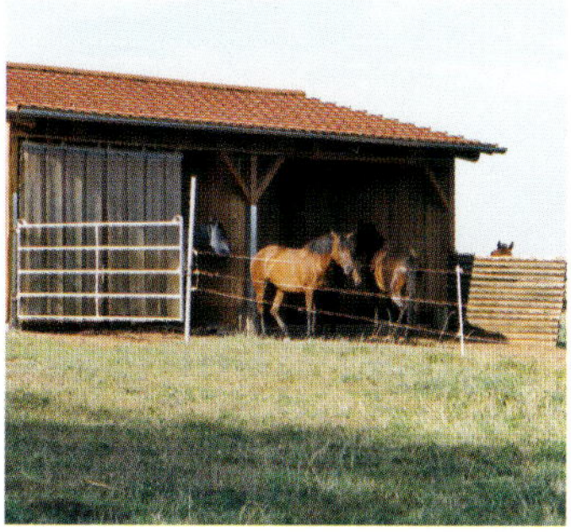

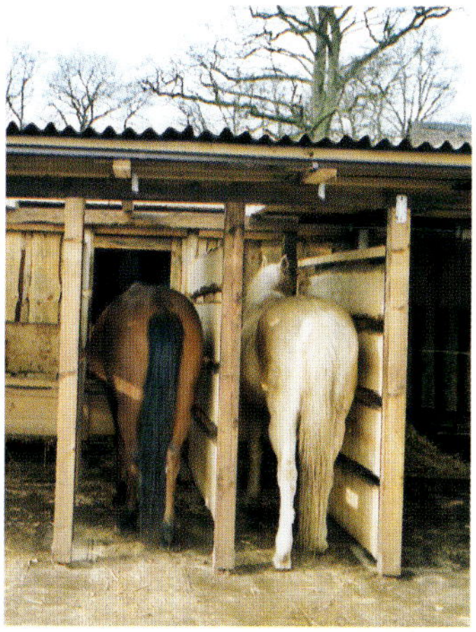

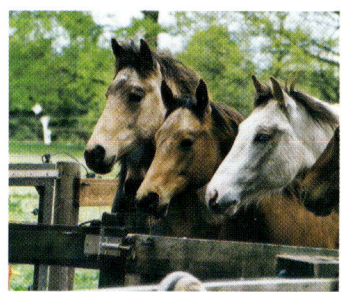

STICHWORT OFFENSTALL

Offenstallpferden entgeht nichts Interessantes.

Unter Offenstallhaltung versteht man eine Haltung von Pferdegruppen in einem Kaltstall, von dem aus ein angeschlossener Auslauf frei zugänglich ist. Die Pferde können nach Belieben ein und aus gehen, sich die Beine vertreten, mit Herdengenossen spielen oder die trockene, geschützte Ruhefläche im Stall aufsuchen, um sich hinzulegen.

Mit einer solchen Haltung kommt der Mensch den natürlichen Bedürfnissen des Pferdes so weit entgegen, wie es unter heutigen Lebensbedingungen möglich ist. Das Pferd wird heute als Freizeitpartner geschätzt und genutzt und zu diesem Zweck gehalten. Im eng besiedelten Deutschland stehen zum einen selten riesige Ganzjahreskoppeln zur Verfügung, auf denen Pferde artgerecht gehalten werden könnten, zum andern will der Mensch auf sein Reittier auch den nötigen Zugriff haben. Die Offenstallhaltung ist der Kompromiss zwischen den Bedürfnissen des Pferdes und den Ansprüchen des Menschen. Was dem Tier nun noch fehlt an Bewegung in seinem doch begrenzten Auslauf, an weiteren Umweltreizen und Herausforderungen, das muss der Mensch durch vielseitige Arbeit mit dem Tier ausgleichen.

Leider ist die Boxenaufstallung noch immer die gängigste Art der Pferdehaltung. Dies hat zum einen praktische Gründe wie etwa die größere Bequemlichkeit für den Reiter, die leichte Unterbringung vieler Pferde auf wenig Fläche sowie effektive Arbeitstechniken. Nachhaltiger sind jedoch die oft unbewussten Verknüpfungen: Die Box galt über Jahrzehnte als die pferdefreundliche Haltungsform schlechthin, die den Pferden Bewegungsfläche und Schutz bot. Klar machen muss man sich heute, dass die Box tatsächlich nur die üble Haltung in Ständern abgelöst hat und dass die wirklichen Bedürfnisse von Pferden bei Reitern kaum bekannt waren, sondern menschliche Vorstellungen von Schutzräumen und Wärme übertragen wurden.

Die Offenstallhaltung von Pferden wird sich nur dann durchsetzen, wenn die Nachfrage entsprechend hoch ist und Boxen leer bleiben, wenn Pferdehalter in der Lage sind, die Qualität von Anlagen zu beurteilen, und wenn Offenstallbetreiber durch fachliche Kompetenz sicherstellen, dass die gängigen Vorurteile von „Matschhaltung" bis „Verletzungsrisiko" widerlegt werden.

Der Stall sollte in Funktionsbereiche unterteilt werden und Raumteiler erhalten. Grundsätzlich muss er einen trockenen, ausreichend großen Liegebereich haben, der von den Pferden jederzeit aufgesucht werden kann und zu mindestens zwei Seiten hin verlassen werden kann. Raumteiler sorgen dafür, dass rangniedrige Pferde leichter ausweichen können. Der Liegebereich sollte eingestreut sein und gut sauber gehalten werden.

Gefüttert wird selbstverständlich nicht einfach von schlammigem Boden, sondern an einem sauberen, am besten befestigten Fressplatz. Wie der Futterplatz gestaltet wird, hängt von der Gruppengröße, der Verträglichkeit der Tiere und den baulichen Gegebenheiten ab. Häufig sieht man Fressstände, in denen die Pferde geschützt vor Attacken Ranghöherer fressen können. Entscheidend ist, dass diese Fressstände dazu auch wirklich hoch genug sind, kein Pferd in den Rücken gebissen werden kann oder sich beim Schlagen nach dem Nachbarn in Stangen verfangen kann. Geschlossene Stände aus Brettern sind zweckmäßig. Rundraufen oder lange Bodenraufen für das Raufutter sollten nicht fehlen, auch

Für diese Art von Rangelei ist der Stall zu niedrig!

wenn keine Fressstände installiert werden. Heu sollten Pferde allerdings nicht in den engen Ständen vorgelegt bekommen.

Anbinderinge, die weit genug auseinanderliegen, ermöglichen in kleinen Gruppen eine ruhige Fütterung aus Eimern. Nirgendwo ist das geübte Auge des Halters so wichtig wie in der Gruppenhaltung im Offenstall! Verletzungen, andauernde Unverträglichkeiten zwischen den Pferden, starke Gewichtszu- oder abnahme oder andere Missstände müssen bemerkt und ihre Ursachen beseitigt werden.

Sehr durchdachter Offenstall mit geteiltem Ausgangsbereich, in dem ein Raumteiler einen Rundkurs ermöglicht, und Fressständen zur unkomplizierten Fütterung.

Grundsätzlich darf es weder im Stall noch im Auslauf oder in verbindenden Laufgängen der Pferde Winkel oder Ecken geben, in die ein Pferd vom anderen gestrieben werden könnte, sondern nur Rundkurse. Jeder Raum muss mindestens zwei Ausgänge haben.

DER AUSLAUF

Den weitaus größten Teil ihrer Zeit verbringen Pferde im Auslauf, der deshalb gepflegt und trocken sein muss. Hier: eine Tretschicht aus Sand.

Zur Offenstallanlage gehört immer auch ein Auslauf, der sich direkt an den Stall anschließt. Er darf auch im Winter keine Gesundheitsgefährdung für die Pferde darstellen und muss so viel Platz bieten, dass die Tiere sich problemlos ausweichen können. Zahlenangaben sind schwierig, da die Gruppenzusammenstellung und -größe neben der Grundstücksform mit entscheidend ist für den mindestens benötigten Platz; zwanzig Meter in jede Richtung sollte aber auch ein kleiner Auslauf für zwei bis vier Pferde schon haben.

Ein immer wieder auftretendes Problem ist das der Staunässe, die aus Ausläufen Matschlöcher macht. Gegen Matsch allein ist nichts einzuwenden, er schadet gesunden Pferden nicht und hält, im Fell angetrocknet, die Reiter fit. Leider können in verschlammten Ausläufen die Pferdeäpfel meist nicht restlos aufgesucht werden, sodass sich im Matsch Bakterien ausbreiten. Strahlfäule, Mauke und andere gesundheitliche Beeinträchtigungen sind die Folge. Zudem hält ein Pferdefell bei niedrigen Temperaturen nur dann wirklich warm, wenn es nicht völlig verklebt oder aber durch ständig nötiges gründliches Putzen entfettet ist. Das Image der Offenstallhaltung leidet durch matschige Ausläufe ebenfalls. Abhilfe schafft ein Bodenbelag. Hier haben bei etwa gleichem Grundpreis Holzhackschnitzel gegenüber dem häufig verwendeten Sand große Vorteile: Sand zerstört die Glasurschicht und nutzt das Hufhorn stark ab, vor allem wenn er an Betonboden oder Pflaster (Stallboden, Stallvorplatz o.ä.) angrenzt und die Pferde ihre sandigen Füße regelrecht auf der harten Fläche abschmirgeln. Befestigte Flächen sind schlecht abzufegen, denn Sand ist schwer. Er verrottet nicht im Mist- oder Kom-

Knabberäste und Heu reicht man am besten auf dem befestigten Stallvorplatz.

Der Platz vor dem Stall, im Allgemeinen der am meisten beanspruchte Bereich in einem Offen-stallauslauf, sollte befestigt werden. Grober Beton ist relativ preiswert und leicht sauber zu halten. Verfüllte Rasengittersteine erfüllen auch ihren Zweck, eine Pflasterung mit modernen, federnden und rutschsicheren Kunststoff„steinen" ist ideal für Hufe und Beine, aber leider auch wesentlich teurer. Angesichts der Tatsache, dass Pferde in unseren eng besiedelten Lebensräumen meist mehr Zeit im Auslauf als auf der Weide verbringen, steigt ihre Lebensqualität, wenn für den Auslauf ein größeres Stück Weide geopfert wird: Eine Fläche, die in wenigen Tagen abgegrast wäre, kommt ihnen so monatelang zugute. Trotzdem muss der Mensch noch einiges unternehmen, um Pferde auf kahlen Ausläufen zu der Bewegung zu ani-mieren, die sie für ihre Gesundheit so dringend brauchen, denn auch Auslaufpferde in immer der-selben kleinen Gruppe auf immer demselben Stück Koppel langweilen sich sonst und stehen viel zu viel herum. Hier lässt sich durch sinnvolle Gestaltung einiges machen.

Je länger Ausläufe sind, desto eher regen sie die Pferde zur Bewegung an. Ein nur zehn Meter breiter Streifen, der außen um eine große Koppel herum angelegt wird, ist weitaus günstiger als ein

Hier sind die Bäume selbst vor Verbiss geschützt. Ein kleines Zäunchen um beide Stämme herum würde eine attraktive grüne Insel mitten im kah-len Auslauf schaffen.

posthaufen und muss alle paar Jahre komplett ausgetauscht werden, wenn die Verschmutzung durch organische Abfälle zu hoch wird. Holz-hackschnitzel beeinträchtigen die Hufe nicht, bie-ten eine federnde Unterlage, verrotten im Kom-posthaufen und sind leicht abzusammeln oder wegzufegen. Sie sollten in einer Lage von rund 25 cm auf ausgekofferten Untergrund aufgebracht werden. Die untere Schicht rottet, oben kann in jedem Jahr eine frische Lage aufgebracht werden.

Langeweile ist aller Laster Anfang.

mit ihnen jeder zertretene Auslauf hübsch begrünt werden (was wieder günstig ist für das Image artgerechter Pferdehaltung), drittens hindern sie die Pferde daran, auf direktem Wege quer durch den Auslauf zu marschieren, sondern erzwingen lange Wege. Nicht selten sieht man Pferde Rennen rund um die grünen Bauminseln in ihren Ausläufen veranstalten. Es ist darauf zu achten, dass die Bäume in solchen Auslaufinseln zum einen ungiftig sind (und am besten unschmackhaft, dann bleiben auch vorwitzig über den Zaun gewachsene Äste unberührt), zum andern nicht in Mengen giftige Früchte in den Pferdeauslauf abwerfen wie beispielsweise Eichen: Eicheln sollten nicht in größeren Mengen gefressen werden. Kleine Obstbäume sind geeignet, wenn das Obst zum größeren Teil innerhalb des abgezäunten Bereiches fällt. Ansonsten empfehlen sich der schnellwüchsige schwarze Holunder sowie Weißdorn, Schlehdorn oder Heckenrose; bei diesen Büschen kann ab einer ausreichenden Größe auch auf einen Schutzzaun verzichtet werden. Elektrozaun-Irrgärten im Auslauf mögen zweckdienlich sein, sind jedoch optisch wenig ansprechend und sollten durch Holzzäunchen, Mäuerchen oder abwechslungreiche Gebüsche nach und nach ersetzt werden.

Grundsätzlich muss der Auslauf aus Rundkursen bestehen, die flüchtenden Pferden immer einen rechteckiges oder gar quadratisches Stück mit gleicher Quadratmeterzahl. Ein ordentlicher Galopp, wie er gern einmal eingelegt wird, wird durch einen kurzen Auslauf gleich wieder abgebremst. Eine lange Strecke, ein weitläufiger Rundkurs am besten, erlaubt auch hochblütigen Pferden, ihrem Bewegungsdrang nachzugeben. Tränke, Raufutterplatz und der Stall mit dem Liegeplatz sollten so weit wie möglich auseinanderliegen. Allein dadurch kommen im Laufe eines Tages beachtliche Kilometerleistungen ruhigen Gehens zustande, wie sie von der Natur auch vorgesehen sind.

Äußerst effektiv sind Raumteiler: Erstens bieten sie rangniedrigen Pferden Deckung, zweitens kann

Elektrolitzen oder -bänder vervielfachen die Sicherheit eines Holzzaunes.

Spielen lässt es sich fast mit allem, so lange es nur ungefährlich ist.

Breite ausreichen, sonst jedoch sollte er fünf bis acht Meter Breite nicht unterschreiten und kurze Raumteiler in Längsrichtung aufweisen. Auslaufzäune können nicht stabil und sicher genug sein! Günstig ist eine Kombination aus Festzaun und Elektrozaun. Gelangweilte Pferde nagen gern an Holzzäunen herum oder bahnen sich ihren Weg hindurch. Beidem beugt ein Elektroband oder eine Litze vor den Querhölzern vor. Es empfiehlt sich, dasselbe System - Breitband, Seil oder Elektrokordel - durchzuhalten, da jeweils spezielles Zubehör an Isolatoren, Griffen, Verbindern und derlei nötig ist, das direkt in entsprechender Menge angeschafft werden kann. Ein Elektrozaun allein sollte allenfalls einen Auslauf innerhalb einer größeren umzäunten Fläche abteilen, da er nicht standhält, wenn Pferde (auch unbeabsichtigt) kräftig dagegenlaufen.

Nach einiger Zeit kommt auch im Auslauf auf Grund des begrenzten Raumangebotes Langeweile auf. Mit ungefährlichem Spielzeug kann die Lebensqualität von Auslaufpferden weiter erhöht werden. Was als ungefährlich zu betrachten ist, hängt dabei mit von den betreffenden Pferden und der Aufsichtssituation ab. Es gibt Pferde, die sich auf der Flucht vor einem an sich harmlosen Gymnastikball schwerste Verletzungen am Zaun zuziehen, und solche, die souverän und vorsichtig eine Wippe in ihrem Auslauf bedienen. Empfehlenswert sind in jedem Falle dicke Baumstämme (von ungiftigen Baumarten), die die Pferde zum Darübersteigen oder zu einem biegenden Zickzackkurs zwingen, ohne jedoch rangniedrige Pferde bei Ausweichmanövern zu behindern. Besonders Ponys haben viel Spaß an großen, stabilen Sitzbällen im Auslauf.

Knabberzweige dienen der Gesundheit ebenso wie der Beschäftigung; geeignet sind Weide, Fichte, Birke, Obstbaum oder andere ungiftige Hölzer.

Auch ein Scheuerpfosten, der zusätzlich mit harten Bürsten versehen werden kann, wird meist gern angenommen.

Weg offen lassen. Sind Wege erforderlich, weil beispielsweise der Stall vom Auslauf fünfzig Meter entfernt ist, müssen diese so breit sein, dass auch hier rangniedere Pferde immer ausweichen, umdrehen, flüchten oder auf der anderen Seite eines Raumteilers vorbeilaufen können. Bei eingeschworenen, seit Jahren zusammenstehenden Pferden mag ein Laufgang von drei Metern

DIE WEIDE

Winterweiden sind eher die Ausnahme.

Ideal ist es, wenn sich an einen Offenstall nicht nur ein Auslauf, sondern auch eine Weidefläche anschließt. Leider steht heute nur in seltenen Fällen so viel Fläche zur Verfügung, dass eine große Weide als Winterweide dienen kann. Meist müssen die Pferde in den Zeiten der Vegetationsruhe auf einen Auslauf beschränkt werden, um nicht zu große Teile der Grasnarbe zu zerstören, vom Pflegen großer Flächen im Winter gar nicht zu reden.

Weidegang kann in unterschiedlichen Pferdebeständen ganz unterschiedliche Funktionen erfüllen. Robuste, leichtfuttrige Kleinpferde wie beispielsweise Isländer, Highländer oder Haflinger dürfen während der Weideperiode in vielen Fällen nur eingeschränkt ins Gras, weil sie leicht eine Hufrehe bekommen oder zu fett werden. Für den stundenweisen Weidegang bei Zufütterung rohfaserreichen Raufutters reichen kleine Weideflächen von 1500 bis 2500 Quadratmeter pro Pferd aus, denn um den Futterwert geht es hier nicht. Diesen Robusten stellt man besser mehr Fläche für ihren Auslauf zur Verfügung, da sie dort auch im Sommer einen großen Teil ihrer Zeit verbringen. Zuchtstuten, schwerfuttrige oder beanspruchte Pferde dagegen kommen selbst bei bester Weide der dreifachen Größe nicht unbedingt mit dem Futterangebot aus, sondern sollten gezielt zugefüttert werden.

An der Weidenutzung orientiert sich auch die Weidepflege und -düngung. Anhand einer Bodenprobe, die im Februar eingeschickt wird, erstellen landwirtschaftliche Institute Düngerempfehlungen. Ganz ohne Dünger kommt keine Pferdeweide aus, denn dem Boden müssen die mit dem heruntergefressenen Gras verlorenenen Nährstoffe ersetzt werden. Kann die Düngung mit eigenem, gut abgelagertem Wurmkompost und gegebenenfalls anderen ökologisch wertvollen Beigaben (etwa Urgesteinsmehl) geschehen, ist dies natürlich ideal.

Ein Problem auf den Sommerweiden ist das des Parasitendrucks durch den Pferdemist. Am besten wird dieser regelmäßig mindestens zweimal wöchentlich abgesammelt. Auch eine Kalkung im Rahmen der Düngeempfehlung mindert die Weideverwurmung etwas. Im Handel erhältlich sind Geräte für den Schlepperbetrieb, die gleichzeitig Geilstellen ausmähen und das Mähgut mit den enthaltenen Kotballen aufsammeln. Diese Investition lohnt sich jedoch erst für größere Betriebe mit Weidewirtschaft.

Auf Sommerweiden ist ein Witterungsschutz wichtig, wobei die Weidehütte aber durchaus durch Gebüsche oder Baumgruppen ersetzbar ist. Ständiger Zugang zu frischem Wasser muss selbstverständlich gewährleistet sein.

Naturweiden wie diese bieten beste Bedingungen.

FÜTTERUNG IM OFFENSTALL

Mineralbriketts können auch nach dem Reiten, als Belohnung getarnt, verabreicht werden.

Zu unterscheiden ist grundsätzlich zwischen Rau-
futterzuteilung und der Gabe von Krippenfutter.
In einer artgerechten Pferdehaltung wird man ver-
suchen, auch die Fütterung weitgehend naturnah
zu halten; das heißt, in den Wintermonaten ist die
Futtergrundlage Heu beziehungsweise für Pferde
geeignete Grassilage sowie gutes Futterstroh und
eine ausreichende Menge Mineralfutter.
Aufbauend auf diese Basis erfolgt eine gegebenenfalls notwendige Kraftfuttergabe.

Das Raufutter sollte für die Pferde jederzeit zugänglich sein. Zum einen fressen Pferde naturge-
mäß einen großen Teil des Tages rohfaserreiches
Futter in kleinen Mengen, zum anderen hilft ein
arbeitender Darm den Tieren dabei, bei niedrigen
Außentemperaturen warm zu bleiben. Je nach Art
der Pferde sollte man die Aufnahme allerdings
steuern: schlechten Futterverwertern, hoch-

Leckstein in guter, verletzungssicherer Halterung.

blütigen oder beanspruchten Offenstallpferden kann man Heu oder Silage zur freien Aufnahme in beliebiger Menge anbieten, rundrippigen, guten Futterverwertern sollte die Menge mehrmals täglich sinnvoll zugeteilt werden. Stroh kann auch von ihnen über den Tag frei aufgenommen werden, deshalb sollte eine stets mit frischem Futterstroh gefüllte Raufe nirgends fehlen. Die benötigten Mengen an Raufutter (siehe hierzu Kavalkade Ratgeber Nr. 22) variieren: bei sehr niedrigen Außentemperaturen kann man auch guten Futterverwertern kaum zu viel Heu reichen.

Grundsätzlich haben Offenstallpferde einen etwas höheren Erhaltungsbedarf als Stallpferde, da sie viel Energie zur Erhaltung der Körperwärme brauchen. Eine ganz genaue Futterzuteilung, wie sie bei Stallpferden möglich ist, ist in einer Offenstallhaltung nicht durchführbar, da das Raufutter von der Gruppe zusammen aufgenommen wird. NaCl- und Minerallecksteine dürfen nicht fehlen, auch sie werden von den Pferden nach Bedarf genutzt. Mineralfutter wird gezielt verabreicht. Am einfachsten wird es dem Krippenfutter beigegeben; handelsübliche Briketts bieten sich zur schnellen Fütterung aus der Hand an.

Bodenraufe im Fressstand; noch pferdegerechter sind Rundraufen im Auslauf. Das Stopfen von Netzen ist sehr zeitaufwendig.

Besonders mit Blick auf die Kraftfuttergaben haben sich Fressstände in der Offenstallhaltung bewährt. Sie sollten jedoch für die Fressdauer mit vorgehängten Ketten verschlossen werden.

Halsriemen erlauben die zum Fressen nötige Kopf-freiheit, fixieren die Tiere jedoch an ihrem Platz.

Auch anfangs skeptische Pferde lernen schnell die Vorzüge des Menüs zum Mitnehmen schätzen.

Bestehen noch Energiedefizite über das Grundfutter hinaus, wie dies bei gerittenen Pferden, hochblütigen Tieren, großen Warmblütern oder auch bei großer Kälte der Fall sein wird, so können diese über mehrmals tägliche Kraftfuttergaben abgedeckt werden. Krippenfuttergaben im Offenstall müssen gut organisiert werden, um Rangeleien und Verletzungen vorzubeugen. Die Fütterung muss immer beaufsichtigt werden! Bekommen alle Pferde ungefähr die gleiche Menge und benötigen ähnlich lange Fresszeiten, sind Fressstände hilfreich. Eine hinten zugehängte Kette verhindert, dass Schnellfresser ihren Stand verlassen und für Unruhe sorgen.

In kleineren Beständen sollten die Pferde vor der Futtergabe angebunden werden, am besten vor immer demselben Trog oder an immer demselben Anbindering. Erst dann wird mit den Eimern geklappert, das Futter in die Tröge gekippt oder werden die Futtereimer hingestellt. Die Pferde sind schneller angebunden und können ungehinderter fressen, wenn zum Anbinden Halsriemen verwendet werden, die auch gleich am Anbindeplatz fest verbleiben.

Bei nur wenigen Tieren, die sich gut vertragen, kann es auch ausreichen, Futtereimer (geeignet sind Baueimer, die unten breit genug sind) umzuhängen - der Rangfolge in der Herde folgend: der Chef bekommt seinen Eimer zuerst um und zuletzt wieder abgenommen.

Sehr häufig finden sich in Offenstallanlagen Pferde, die an chronischer Bronchitis erkrankt sind. Diese Tiere müssen Nassheu oder Silage und nach Möglichkeit nasses Futterstroh bekommen - was bedeutet, dass der ganze Bestand staubfrei gefüttert werden muss, um den Kontakt des erkrankten Tieres mit Schimmelpilzsporen aus Heu und Stroh zu verhindern. Silagefütterung und Späneeinstreu bieten sich in solchen Fällen an, da das Tauchen von Raufutter den Arbeitsaufwand deutlich erhöht.

Hohe Flexibilität seitens des Halters ist bei der Fütterung im Offenstall immer nötig. Er muss je nach Wetter etwas mehr oder weniger füttern und erkennen, wann ein Pferd an Gewicht verliert und mehr oder ein anderes Kraftfutter benötigt. Das Handhaben sehr gieriger Pferde in einer Gruppe erfordert Geschick und Autorität und den steten Blick für die Rangordnung. Ruhe zu den Futterzeiten ist im Offenstall ganz besonders wichtig!

PFERDEPFLEGE

Alle Pferde, hochblütige ebenso wie robuste, können im Offenstall überwintern.

Ein Offenstallpferd ist nicht notwendigerweise ein ungepflegter Zottelbär mit verklebtem Fell. Im Gegenteil: langes Fell, das nach dem Schwitzen zusammenklebt, erfüllt seine wärmende und Wasser abweisende Funktion nicht mehr. Wie lang das Winterfell wird und wie dicht das Deckhaar ist, hängt vom Pferdetyp ab. Jedoch wird bei allen Rassen und Typen das Fell dicht und warm genug, um ihnen ein Leben im Offenstall zu ermöglichen, immer vorausgesetzt, der Stall bietet bei nasskalter Witterung Zuflucht und Raum für alle Herdenmitglieder. Besonders vollblütigen Pferden bekommt das Leben im Offenstall im Allgemeinen sehr gut.

Immer hängt der Putzaufwand von der Bodenbeschaffenheit des Auslaufs ab. Pferde, die in sauberen Ausläufen mit Böden aus Holzhackschnitzeln stehen, sind nicht wesentlich aufwendiger zu pflegen als Boxenpferde, da sie meistens sauber sind. Sand ist sehr schlecht aus dem Fell zu entfernen. Schlamm kann eventuell abgebürstet werden, wenn er angetrocknet ist; ist er noch feucht, wird er im Sommer mit dem Schlauch abgespült (siehe unten). Auch wenn nicht geritten werden soll: das Fell muss seiner wärmenden und

Wasser abweisenden Funktion gerecht werden können! Das Fellwachstum ist beeinflussbar. Wird im Herbst besonders mineralstoff- und vitaminreich zugefüttert und lässt man keinerlei Energiedefizit aufkommen, wie dies leider beim letzten Abgrasen der herbstlichen Weiden häufig passiert, so wird das Fell wesentlich kürzer bleiben als bei einem Pferd, das sich auf Grund verringerter Futterzufuhr auf einen „Hungerwinter" einrichtet. Trotzdem wird das kürzere Fell sehr dicht und wärmend.

Verklebtes Fell kann leicht aufgeraut und dann mit einer Wurzelbürste wieder in die richtige Form gebracht werden, damit Wasser ablaufen und das Haar sich bei großer Kälte aufrichten kann, um eine isolierende Luftschicht einzuschließen. Pferdefell isoliert so gut, dass man nach feuchten Schneefällen nicht selten eine Schnee- oder Eisschicht auf dem Pferderücken beobachten kann, die tagelang liegen bleibt: das Fell ist außen kalt, hält innen aber die Wärme.

Nasses Fell sollte nicht gebürstet werden, da man mit dem Bürsten die Feuchtigkeit bis an die Haut bringt und dem Pferd kalt werden kann. Natürlich muss vor dem Reiten Schmutz aus der Sattellage entfernt werden, aber mit dem Putzen eines nassgeregneten Pferdes tut man ihm keinen Gefallen. Problematisch sind in dieser Hinsicht

Sand verursacht Satteldruck!

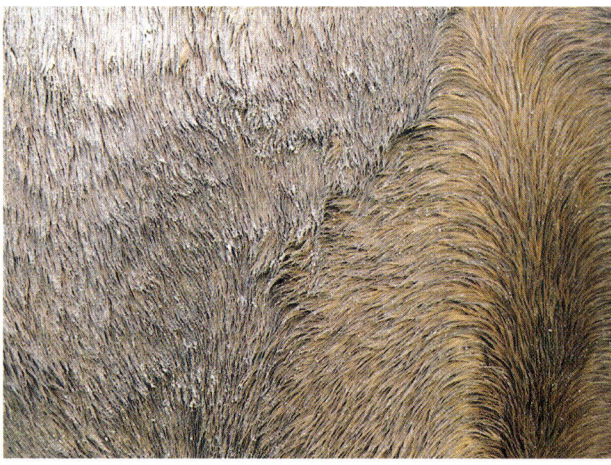

Sandausläufe. Kann man bedenkenlos einen Sattel auf ein sauberes, nasses Pferd legen, so ist dies sehr bedenklich, wenn Sandkörnchen überall in der Sattellage verteilt sind, denn diese führen leicht zu Scheuerstellen.

Sind die Außentemperaturen nicht zu niedrig, kann man völlig verdreckte Offenstallpferde vor dem Reiten ohne weiteres mit einem Wasserschlauch abspritzen. Wichtig ist, dass man den Dreck dabei nicht ins Fell einreibt, sondern nur herunterspült und das Wasser anschließend abzieht, und dass keinerlei Waschzusätze verwendet werden, die die natürliche Fettschicht im Fell angreifen. Bei empfindlichen Pferden (zum Beispiel mit Rücken- oder Nierenproblemen) empfiehlt es sich, anschließend beim Satteln eine Decke über den Rücken zu legen.

Die Kötenbehänge von Offenstallpferden dürfen nicht gekürzt werden, da sie die empfindliche Fesselbeuge vor Feuchtigkeit schützen. Matschausläufe, die schlecht vom Pferdemist gereinigt sind, greifen alle Pferdefüße an, nicht nur solche mit starkem Beinbehang! Eine dichte Mähne und ein nicht verzogener Schweif mit dichter Ponyglocke sind der beste Schutz, den das Pferd vor nasskaltem Wetter hat. Es ist unproblematisch, auch im Winter einmal einen verdreckten Schweif zu waschen. Man nimmt dazu einen Eimer mit lauwarmem oder auch kaltem Wasser, taucht den Schweif nur unterhalb der Schweifrübe ein, wäscht ihn mit Shampoo durch und spült anschließend mit zwei weiteren Eimern die Substanz wieder aus. Der Schweif bleibt länger schön, glänzend und gut zu bürsten, wenn man dem letzten Spülwasser einen ordentlichen Schuss Babyöl zusetzt.

Das Eindecken von Offenstallpferden ist eine zweischneidige Sache. Empfindliche Tiere mögen eine Decke (die dann aber absolut regenfest sein muss!) auf ihrem Rücken als angenehm empfinden. Im Allgemeinen aber stört das Auflegen einer Decke die körpereigene Thermoregulation empfindlich. Unter der Decke kann sich bei harten Minusgraden das Fell nicht ausreichend aufrichten, und das Pferd wird noch eher frieren als ohne Decke. Man muss im Einzelfall genau beobachten und herausfinden, was dem Pferd angenehmer ist.

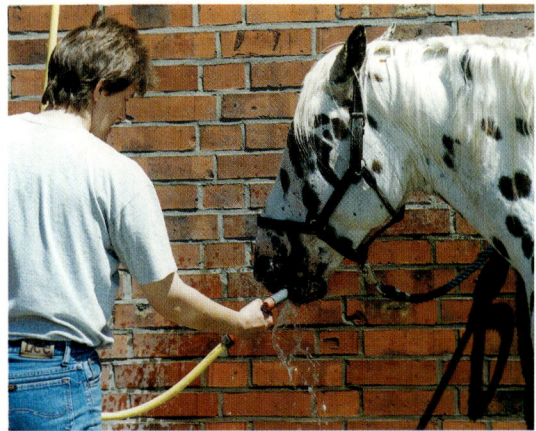

Gegen Sand im Fell hilft manchmal nur der Wasserschlauch.

Schweif, Mähne sowie die Beinbehänge sollten nicht beschnitten werden, da sie wichtige wasserableitende Funktionen haben.

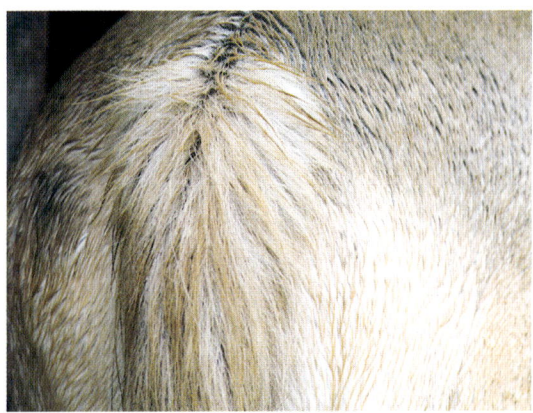

Ein Eindecken wird durchweg nur bei intensiver Nutzung eines Pferdes erforderlich.

ARBEITSANFALL

Die nötigen Arbeiten lassen sich einteilen in die Bereiche Versorgung, Hygiene und Organisation. Zur Versorgung gehört das täglich mehrmalige Füttern der Pferde sowie die Bereitstellung frischen Trinkwassers. Fast ebenso wichtig ist die tägliche Reinigung von Stall und Ausläufen: der Liegeplatz im Stall muss stets trocken und sauber sein, und die Ausläufe werden schnell zu Brutstätten von Krankheitskeimen, wenn der Mist nicht täglich abgesammelt, sondern in den Untergrund getreten wird. Gerade in Offenstallanlagen ist Organisation zur Bewältigung der anfallenden Arbeiten nötig, da nicht Box für Box vorgegangen werden kann, sondern alles im oft störenden Beisein der Pferde geschieht.

Die Futterzeiten sollten ungefähr eingehalten werden, weil sehr unregelmäßige Fütterungen bei manchen Pferden Stress verursachen. Während die Pferde mit Kraftfutter und Heu beschäftigt sind, kann man in Ruhe den Auslauf absammeln oder, wenn sie draußen fressen, den Stall reinigen. Man braucht zum Absammeln ein Drittel mehr Zeit, wenn man von neugierigen Pferden

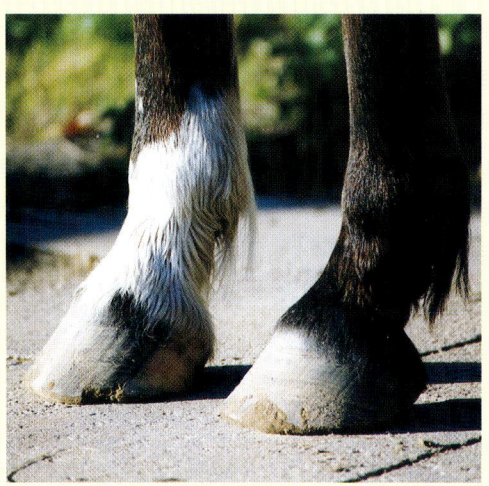

Sand beschädigt die Glasurschicht der Hufe.

HUFPFLEGE

Viele Offenstallpferde laufen auf Grund der Gruppenhaltung unbeschlagen, und tatsächlich bietet keine andere Haltungsform so viele Chancen, gesunde Hufe und ein gutes Hufwachstum herbeizuführen. Die stete Bewegung fördert die Durchblutung der Hufe und damit das Wachstum gesunden Horns. Die Huffestigkeit wird gesteigert durch unterschiedliche Böden im Auslauf, die zum Teil, etwa am Futterplatz, befestigt sind. Wird die reiterliche Belastung dem Zustand der Hufe ein wenig angepasst, können die meisten Offenstallpferde nach einer Umstellungszeit (die allerdings über ein Jahr dauern kann) im Alltag beschlagfrei geritten werden. Hufpflege bedeutet, regelmäßig die Hufform korrigieren und loses Horn entfernen zu lassen; für den natürlichen, angemessenen Feuchtigkeitsgrad sorgt die Natur selbst. Einzig Sandböden verursachen Schwierigkeiten, da durch das Fehlen der Glasurschicht der Huf anfälliger wird und der Abrieb auf Sand-Beton-Ausläufen meist zu hoch ist.

Beheizbare Selbsttränken, obwohl nicht ganz billig in der Anschaffung, erleichtern die Wasserversorgung ungemein und sind für Pferde und Betreuer ein echtes Plus.

stallhaltung ist vergleichsweise höher als der bei Boxenhaltung, wo die Wege im Auslauf entfallen. Hilfsmittel wie möglichst große Schubkarren, Kornschaufeln statt üblicher Schaufeln, breite Rechen und überbreite Besen sind ungemein hilfreich. Die Technisierungsmöglichkeiten bei größeren Beständen sind leider begrenzt, da es derzeit noch keine Geräte zum Absammeln des Mistes im Auslauf gibt, die wirklich befriedigend arbeiten; im Stall können nur bei der hygienisch bedenklichen Tiefstreu Maschinen eingesetzt werden.

Möglichst große Arbeitsgeräte wie die hier verwendete Kornschaufel und die Schubkarre in Übergröße ersparen viel Lauferei und Zeit.

Schlupftore ersparen das umständliche Öffnen von Toren.

behindert wird. Wie lange die Rundum-Versorgung von Offenstallpferden dauert, hängt nicht nur von der Anzahl der Pferde, sondern auch von der Größe und Bodenbeschaffenheit des Auslaufes ab. Saubere, trockene Flächen aus Hackschnitzeln lassen sich weitaus schneller und leichter absammeln als nasse Sandböden oder gar Matschkoppeln, eine dünne Schicht aus Sägespänen auf Gummimatten im Stall ist schneller erneuert als ein voluminöses Strohbett.

Der Aufwand an Arbeitszeit für eine rundum pferdegerechte, hygienisch einwandfreie Offen-

UNTERSCHIEDLICHE RASSEN IM GLEICHEN STALL

Auch Pferde mit unterschiedlichen Ansprüchen hinsichtlich der Fütterung lassen sich mit einiger Umsicht durchaus zusammen halten.

stute in der Islandherde braucht mehr Raum um sich herum, sonst wird sie den Stall nicht aufsuchen. Hochblütigen Pferden bekommt feuchte Kälte nicht. Dauerregen bei Temperaturen unter zehn Grad Celsius wird sie im Allgemeinen unter ihr Dach treiben; kalten, schneidenden Winden weichen sie auch gern aus. Besonders schwierig wird es, wenn die empfindlicheren Pferde gleichzeitig die rangniedrigen Tiere sind. Wer in einer solchen Herde nur einen kleinen Weideunterstand als Winter-Offenstall anbietet, ist von einer tiergerechten Haltung weit entfernt. Jedes Pferd, auch das rangniedrigste, muss zu jeder Zeit den Unterstand aufsuchen können und dort davor sicher sein, in eine Ecke getrieben zu werden.

Grundsätzlich lassen sich die heute gezüchteten Pferde in zwei Haltungstypen einteilen, einmal in die Robustpferde, zu denen Isländer, Shetlandponys, Highlander und andere urwüchsige Kleinpferde gehören, und zum anderen in die hochgezüchteten Kulturrassen sowie die Südpferdetypen, die in der Haltung etwas andere Ansprüche stellen als die Robusten.

Ideal ist es natürlich, Gruppen aus ähnlichen Pferdetypen zu bilden, die hinsichtlich Futter und Wetterschutz etwa dieselben Ansprüche stellen. Häufig jedoch ist dies nicht möglich, und so findet sich eine vollblütige Traberstute im Offenstall mit einem leichtfuttrigen Highlandpony oder ein Warmblut mit einem Beistellshetty wieder, oder eine gemischte Herde setzt sich aus Isländern und Arabern zusammen. Es ist Aufgabe des Halters, zu verhindern, dass die hochblütigen Pferde frierend im Regen stehen, dass schwerfuttrige Pferde abmagern oder Ponys zu fett werden.

Bei Pferden, die einen größeren Individualabstand innerhalb der Herde wahren, muss der Stall eine vergleichsweise größere Grundfläche und mehr Raumteiler aufweisen als bei einheitlichen Herden verträglicher Robustpferde, die durchweg nur einen minimalen Abstand voneinander beim Dösen oder Fressen einhalten. Die eine Traber-

Robuste Ponys neigen zu Übergewicht und sind anfälliger für Hufrehe.

Warm- und Vollblüter benötigen auch im reinen Erhaltungsbedarf zusätzlich Kraftfutter.

Tiere beieinander liegen, umso leichter gestaltet sich die Fütterung, denn der individuelle Bedarf muss über das Krippenfutter gesteuert werden. Beispiel: ein gewichtiger Haflinger von 420 Kilogramm Körpergewicht soll täglich rund vier Kilogramm Heu und zwei Kilogramm Futterstroh erhalten. Dieselbe Menge an Raufutter reicht auch für die zierliche Vollblutstute von 450 Kilogramm Körpergewicht aus, nur muss hier noch Energie über ein Kraftfutter ergänzt werden.

Um zu erreichen, dass die Tiere die ihnen zugedachten Raufuttermengen auch ungefähr aufnehmen, müssen häufig kleine Mengen gereicht werden, am besten sechsmal täglich. Hochblütige Tiere hören meist einfach auf zu fressen, wenn sie satt sind, sodass bei größeren, weniger häufigen Heugaben die Ponys der Herde säuberlich alle Reste vertilgen und auf diese Weise zu viel bekommen, die Blüter dagegen zu wenig. Bei kleinen Heugaben fällt auch das höhere Fresstempo der Robusten beim Raufutter weniger unangenehm ins Gewicht.

Über die Kraftfuttergabe muss jedem Pferd die individuell benötigte Energie zukommen. Dazu müssen alle Pferde angebunden oder in Ständern fixiert werden, weil die Fresszeiten in gemischten Herden sehr unterschiedlich sind. Damit Ponys sich nicht vor leeren Eimern langweilen, während die Warmblüter ihren Hafer kauen, sorgt man dafür, dass sie an ihrem Futter länger essen müssen. Zunächst wird grundsätzlich ein Ponyfutter mit niedrigem Energiegehalt gewählt. Dieses kann man mit Rüben oder Möhren strecken. Man kann Häcksel, also klein geschnittenes Heu, unter das Futter mischen und große Kiesel in die Tröge legen, zwischen denen die Pellets herausgesucht werden müssen. Auch wenn Ponys eine Weile unbeschäftigt vor ihrem Trog angebunden stehen müssen: sie gewöhnen sich daran. Wichtig ist, dass die anderen Pferde ganz in Ruhe ihr Kraftfutter zu sich nehmen können, damit alle bekommen, was sie brauchen.

Denken Sie daran, vor dem Losbinden die Tröge zu kontrollieren und liegengebliebene Futterreste zu entfernen – es ist keine gute Idee, das Shetlandpony stets die Haferreste des Reitpferdes fressen zu lassen!

Auch in einer gemischten Herde kann so gefüttert werden, dass schwerfuttrige Tiere genug, Ponys nicht zu viel bekommen. Dies macht allerdings mehr Mühe; dreimal tägliches Vorwerfen von Raufutter reicht hier nicht aus.
Zunächst wird anhand des Körpergewichtes der ungefähre Raufutterbedarf pro Tag und Pferd ermittelt. Je näher diese Werte für die einzelnen

GESUNDHEITSPROBLEME IM OFFENSTALL

Häufig hört man, dass Offenstallhaltung für die Tiere nicht gesund sei, da sie sich erkälten würden, durch die Auslaufhaltung Mauke bekommen oder sich gegenseitig verletzen würden. Alle diese Gefährdungen jedoch entstehen nicht durch die Offenstallhaltung an sich, sondern durch eine nachlässige Haltung und Versorgung der Pferde, fehlende Kenntnisse oder eine unsachgemäß gestaltete Anlage.

Mauke entsteht in schlammigen, nicht abgesammelten Ausläufen. Auf einem trockenen und sauberen Auslauf in einer guten Offenstallanlage wird sich keine Mauke bilden, denn hier stehen die Pferde trockener und oftmals unter weit hygienischeren Bedingungen als in herkömmlichen Boxen. Natürlich müssen die Fesselbehänge bei Pferden, die viel draußen sind, erhalten bleiben!

Erkältungen, aber auch **Rückenprobleme** durch unterkühlte Muskeln, sind die Folge, wenn Pferde nach dem Reiten nicht ausreichend versorgt werden. Nach dem Reiten empfiehlt sich das Eindecken mit einer Decke, die die Feuchtigkeit vom Pferd weg nach außen leitet. Sie wird abgenommen, sobald sie nass und das Pferd darunter trocken ist. Für kurze Zeit wird dann noch eine dünnere Decke aufgelegt, bis das Tier wirklich wieder so rundum trocken ist, dass es in den Auslauf entlassen werden kann. Feuchte Tiere trocknen abends nicht mehr, und Schweißnässe, anders als Regennässe gefährdet die Gesundheit!

Verletzungen lassen sich zwar nie völlig ausschließen, das Risiko jedoch lässt sich minimieren. Fremde Pferde müssen langsam und vorsichtig eingegliedert werden auf dem Weg über einen benachbarten Paddock oder eine sichere Eingewöhn-Boxe.

Günstig ist es, Offenstallgruppen aus bereits aneinander gewöhnten Sommerweide-Herden zu bilden. Beim ersten Zusammenführen fremder Pferde muss viel Platz geboten werden, enge Ausläufe sind nicht geeignet! Hilfreich kann es sein, die Offenstall-Pferde einzeln an den Neuling zu gewöhnen. Gruppenpferde sollten grundsätzlich hinten keine Eisen tragen. Manche Pferde sind so schlecht sozialisiert, dass sie auch nach einer Gewöhnungsphase von mehreren Wochen mit dem Herdenleben nicht zurechtkommen. Hier

So nassgeschwitzt darf kein Pferd einfach in den Auslauf entlassen werden!

ist dann im Einzelfall zu entscheiden, ob eine Paddockboxe geeigneter wäre.

Die Bildung kleiner, gut zusammenpassender Offenstall-Gruppen ist sinnvoll mit Blick auf Ruhe in der Herde, und häufiger Pferdewechsel sollte vermieden werden.

Wichtig ist auch Ruhe beim Füttern; hier können durch frühzeitiges Anbinden oder durch Futterstände Rangeleien von vornherein vermieden werden.

OFFENSTALLHALTUNG STATT MEDIZIN

Probleme, die sich durch die Offenstallhaltung lindern oder gar beseitigen lassen, sind zahlreich, und manchem Pferd hat diese Haltungsform noch ein langes, arbeitsreiches Leben beschert, nachdem Tierärzte es schon aufgegeben hatten.

An erster Stelle ist die chronisch-obstruktive Bronchitis zu nennen, deren Endstadium, landläufig als „Dämpfigkeit" bezeichnet, zur völligen Unbrauchbarkeit des Pferdes und zu schlimmen Qualen für das Tier führt. In vielen Fällen wird die chronische Bronchitis von einer Allergie gegen kleinste Schimmelpilzsporen aus dem Heu hervorgerufen, und sie verschlimmert sich noch, wenn das Tier auf Stalleinstreu mit ihren Ausdünstungen steht und zu wenig Bewegung an frischer Luft hat. In einer Offenstallhaltung, in der die Verfütterung von trockenem Heu und Stroh konsequent vermieden wird, eine alternative Stalleinstreu gewählt und auf gute hygienische Bedingungen geachtet wird, kann selbst in schlimmen Fällen chronischer Bronchitis eine deutliche Besserung eintreten; die meisten erkrankten Pferde können bald wieder eingeschränkt genutzt werden. Die ständige Bewegung an frischer Luft und das Fehlen allergieauslösender Partikel sind dafür entscheidend.

Erkältungen kommen bei Offenstallpferden praktisch nicht vor, weil das Immunsystem durch die gut trainierte Thermoregulation als Folge artgerechter Haltung sehr stabil ist. Gesunde Pferde erkranken nicht, wenn auf die Haltungsbedingungen bei der Nutzung Rücksicht genommen wird.

Gerade Sportpferde profitieren von einer Offenstallhaltung; Umsicht mit Blick auf die stärkere Nutzung ist allerdings vonnöten.

Offenstallpferde sind durchweg weniger ängstlich, denn sie kennen viele Furcht einflößende Dinge aus ihrem täglichen Umfeld.

Wer langfristig staubfrei füttern muss, sollte sich überlegen, eine Heutauchwanne anzuschaffen oder auf Heulage umzusteigen!

Arthrosepferde profitieren besonders von der Möglichkeit zur ständigen Bewegung, die verhindert, dass die Tiere durch längeres Stehen (nächtliches Aufstallen, Boxenruhe oder Ähnliches) steif werden. Einer schnellen Verschlimmerung von Arthrosen kann dadurch Einhalt geboten werden.

Verspannte Pferde, besonders auch hochblütige Leistungspferde, werden lockerer, Rückenprobleme können durch eine Umstellung aus der Box in den Offenstall verschwinden.

Verhaltensstörungen wie Koppen oder Weben verschwinden nicht immer völlig, bessern sich jedoch im Allgemeinen spürbar. Im Temperament schwierige Pferde können Aggressionen und Anspannung besser abbauen und werden umgänglicher. Die Stressanfälligkeit von Offenstallpferden ist auf Grund der ständig gegebenen Umweltreize durchweg geringer, ihre Neugier ist größer, der Intellekt besser entwickelt.

ZUM SCHLUSS

Leider denken viele Reiter noch immer an Island-pferde und Robustponys, wenn das Wort Offen-stall fällt. Dabei werden gerade nervöse Blüter-typen in einer artgerechten Haltung spürbar aus-geglichener und zufriedener.

Offenstallhaltung ist mehr als Pferdehaltung in einer Weidehütte auf einer schlammigen Winterkoppel. Richtig durchgeführt, bietet sie allen Pferden, auch Sportpferden, angenehme Lebensbedingungen und eine weitgehend artgerechte Unterbringung. Sie sollte deshalb zum Nutzen aller Pferde weiteste Verbreitung finden!

Leider hält sich hartnäckig ihr negatives Image, das vom „Stehen im Schlamm" bis zum Bild des vernachlässigten, verdreckten Freizeitpferdes reicht. Gute, gepflegte Offenstallanlagen sind das einzige Mittel, dieses Image abzubauen! Um solche Anlagen zu betreiben, sind solide Kenntnisse und Erfahrungen in der Pferdehaltung erforderlich, außerdem das Bewusstsein, dass ein unordentlicher, ungefegter Hof mit windschiefen Offenställen zwar den Pferden nicht schadet, dem öffentlichen Bild dieser an sich so guten Haltungsform jedoch sehr.

Die Vereinigung der Freizeitreiter in Deutschland (VFD) bietet eine Fähigkeiten- und Kenntnisprüfung für Pferdehalter an, wie sie nach der Novellierung des Tierschutzgesetzes seit 1998 erforderlich ist. Die Laufstall-Arbeitsgemeinschaft für artgerechte Pferdehaltung (LAG) setzt sich sehr für eine Verbesserung der Pferdehaltung ein, zeichnet bundesweit gute Stallanlagen aus und berät Interessierte.

Pensionsbetriebe müssen sich aus wirtschaftlichen Gründen nach den Wünschen ihrer Einsteller richten. Steigt die Nachfrage nach Offenställen, so werden auch Betriebe ihre Angebote umstellen; schwierig ist hier der immer wieder

Wo aufgrund häufigen Pferdewechsels die Bildung fester Offenstallgruppen nicht möglich ist, bieten sich nebeneinander liegende Paddockboxen als Kompromisslösung an.

vorkommende Pferdewechsel. Eine akzeptable und flexible Lösung in Pensionsbetrieben kann es sein, Einzel-Paddockboxen anzubieten, die gegebenfalls zu Offenställen verbunden werden können. Voraussetzung dafür ist allerdings, dass auch die erforderlichen Preise bezahlt werden. Eine korrekte und einwandfreie Offenstallhaltung benötigt mehr Raum und ist zeitaufwendiger als die herkömmliche Stallhaltung; sie kann deshalb nicht preiswerter sein als eine Boxenaufstallung! – Hier ist der einzelne Pferdebesitzer gefordert, der die Haltung für seine und andere Pferde verbessern möchte.

ADRESSEN

Vereinigung der Freizeitreiter e. V. (VFD)
1. Vorsitzender: Manuel Sauda,
Am Bauernwald 5b, 81739 München

Laufstall-Arbeitsgemeinschaft für artgerechte Pferdehaltung e. V. (LAG)
1. Vorsitzender: Hanns Ullstein jun.,
Ferstlstraße 15, 85445 Oberding

LAG - ausgezeichnete Anlagen zur Besichtigung:

Süd: Gut Wildschwaige,
85445 Oberding

Nord: Hof Siebeneichen,
21409 Embsen

Weitere Adressen auf Anfrage!

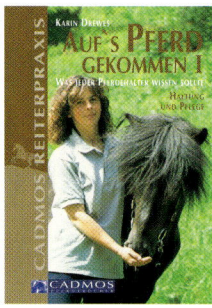

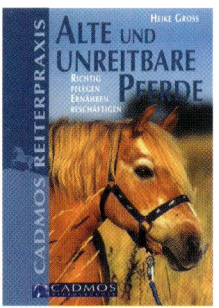